Anne Terzibaschitsch

Die schönsten
Volkslieder

bearbeitet für Klavier

Anne Terzibaschitsch wurde am 5. August 1955 in Essen geboren. Den ersten Klavierunterricht erhielt sie im Alter von fünf, Geigen- und Cellounterricht im Alter von zehn und zwölf Jahren.

Von 1975–1983 absolvierte sie ihr Klavierstudium an der Staatlichen Hochschule für Musik in Karlsruhe. Sie ist seit vielen Jahren freiberuflich als Pianistin und Klavierpädagogin tätig.

Im Rahmen ihrer pädagogischen Arbeit komponierte und arrangierte Anne Terzibaschitsch zahlreiche Stücke für Klavier. Diese sind in mehreren Bänden im Musikverlag Holzschuh erschienen.

Impressum

© 2008 by Musikverlag Holzschuh, Manching
Überarbeitete Auflage © 2024
VHR 3553 / ISMN 979-0-2013-2763-1 / ISBN 978-3-940069-59-7

Umschlaggestaltung:
Rauchbauer & Partner Werbeagentur GmbH, Gaimersheim

Notensatz: Regina Krauß, Speyer

Nachdruck verboten! Fotokopieren verboten!

www.holzschuh-verlag.de

Vorwort

Der vorliegende Band *Die schönsten Volkslieder* enthält eine Sammlung von 68 Volksliedern aus vier Jahrhunderten. Für den Klaviersatz wurden Tonarten bevorzugt, die ein Mitsingen ermöglichen. Der Schwierigkeitsgrad des Klaviersatzes bewegt sich im mittleren Bereich. Die Lieder dieser Notenausgabe wurden in alphabetischer Reihenfolge angeordnet.

Aus der großen Vielfalt des traditionellen Liedgutes wurde eine Auswahl von Liedern getroffen, die sich inhaltlich und thematisch mit den unterschiedlichsten Bereichen des Lebens beschäftigen. Es finden sich Liebeslieder, Jahreszeitenlieder, Tanz- und Wanderlieder, an religiösen Festen orientierte, Scherzlieder, Wiegenlieder, Abschiedslieder u. a. Dabei handelt es sich zum Teil um Liedgut aus mündlicher Überlieferung. Es finden sich aber auch Lieder mit Texten von bekannten Dichtern wie Johann Wolfgang von Goethe, Matthias Claudius, Paul Gerhardt, Joseph von Eichendorff u. a. sowie Melodien bekannter Komponisten wie Friedrich Silcher.

Ein Anliegen der vorliegenden Sammlung besteht darin, an historisches Liedgut zu erinnern und es davor zu bewahren, in Vergessenheit zu geraten. Weitere Volkslieder finden sich in der Ausgabe *Kinderlieder* (75 Kinderlieder zwei- und vierhändig), erhältlich unter der Bestellnummer VHR 3534.

Allen Spielerinnen und Spielern wünsche ich viel Freude beim Musizieren.

Karlsruhe 2008   Anne Terzibaschitsch

Inhalt

A, B, C, die Katze lief im Schnee

aus Thüringen

A, B, C, die Kat-ze lief im Schnee. Und

als sie dann nach Hau-se kam, da hatt' sie wei-ße Stie-fel an.

A, B, C, die Kat-ze lief im Schnee.

Aber heidschi bumbeidschi

aus Böhmen

A-ber heid-schi bum-beid-schi, schlaf lan-ge! Es

con Ped.

ist ja dei' Müt-terl aus-gan-ge. Sie ist ja aus-

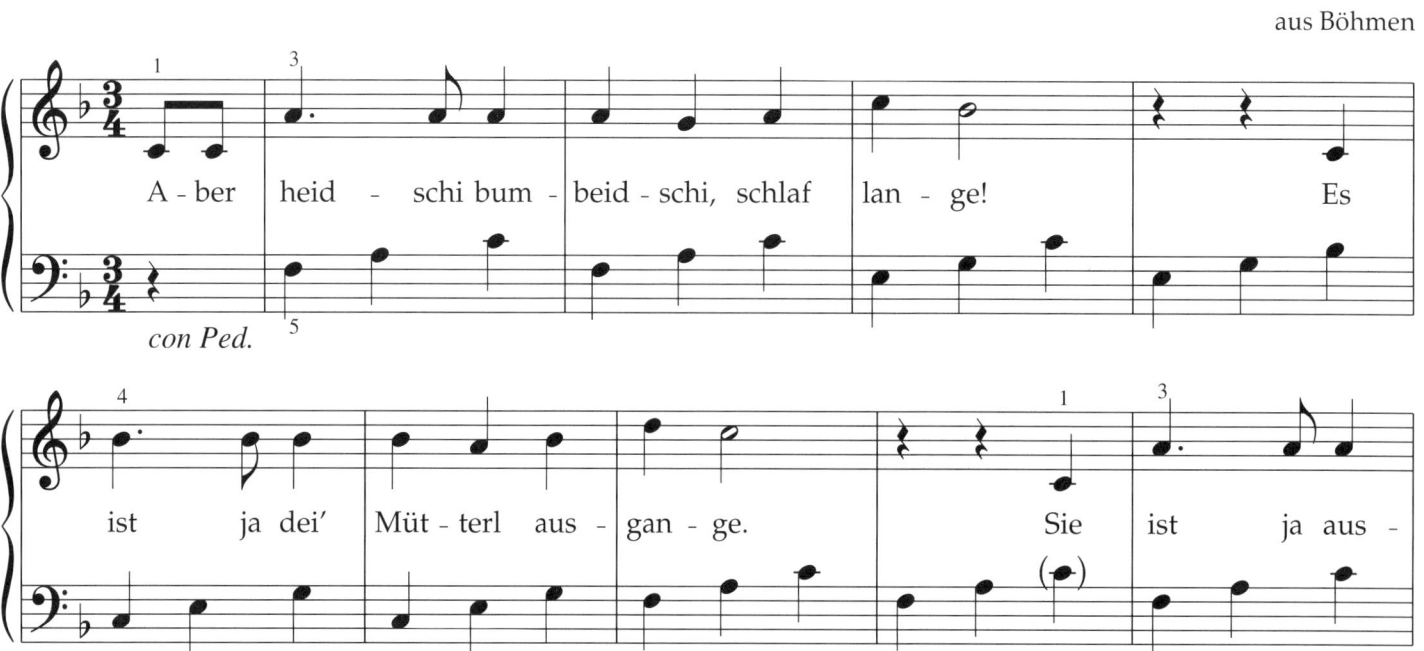

 gan - ge und kimmt nim- mer haam und lässt das klaans Bü - ber - le

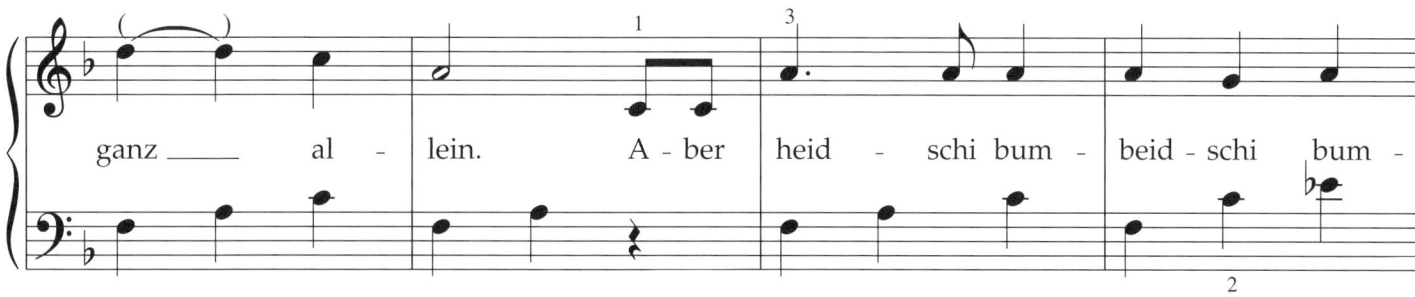

ganz _____ al - lein. A - ber heid - schi bum - beid- schi bum -

bum, _____ a - ber heid - schi bum- beid- schi bum - bum. _____

2. Aber heidschi bumbeidschi, schlaf süße!
   Die Engelein lassen di grüße.
   Sie lassen di grüße und lassen di fragn,
   ob du im Himmel spazieren willst fahrn.
   Aber heidschi bumbeidschi bumbum,
   aber heidschi bumbeidschi bumbum.

3. Aber heidschi bumbeidschi, in' Himml,
   da fahrt di a schneeweißer Schimml.
   Drauf sitzt a kloans Engli mit oaner Latern,
   drein leicht vom Himmel der allerschenst Stern.
   Aber heidschi bumbeidschi bumbum,
   aber heidschi bumbeidschi bumbum.

4. Der Heidschi-Bumbeidschi is kumma
   und hat mei Büberle mitgnomma.
   Er hat mar's mitgnomma und hat's neamer bracht,
   drum wünsch i mein Büberl a recht guate Nacht!
   Aber heidschi bumbeidschi bumbum,
   aber heidschi bumbeidschi bumbum.

Ach, bittrer Winter

17. Jahrhundert

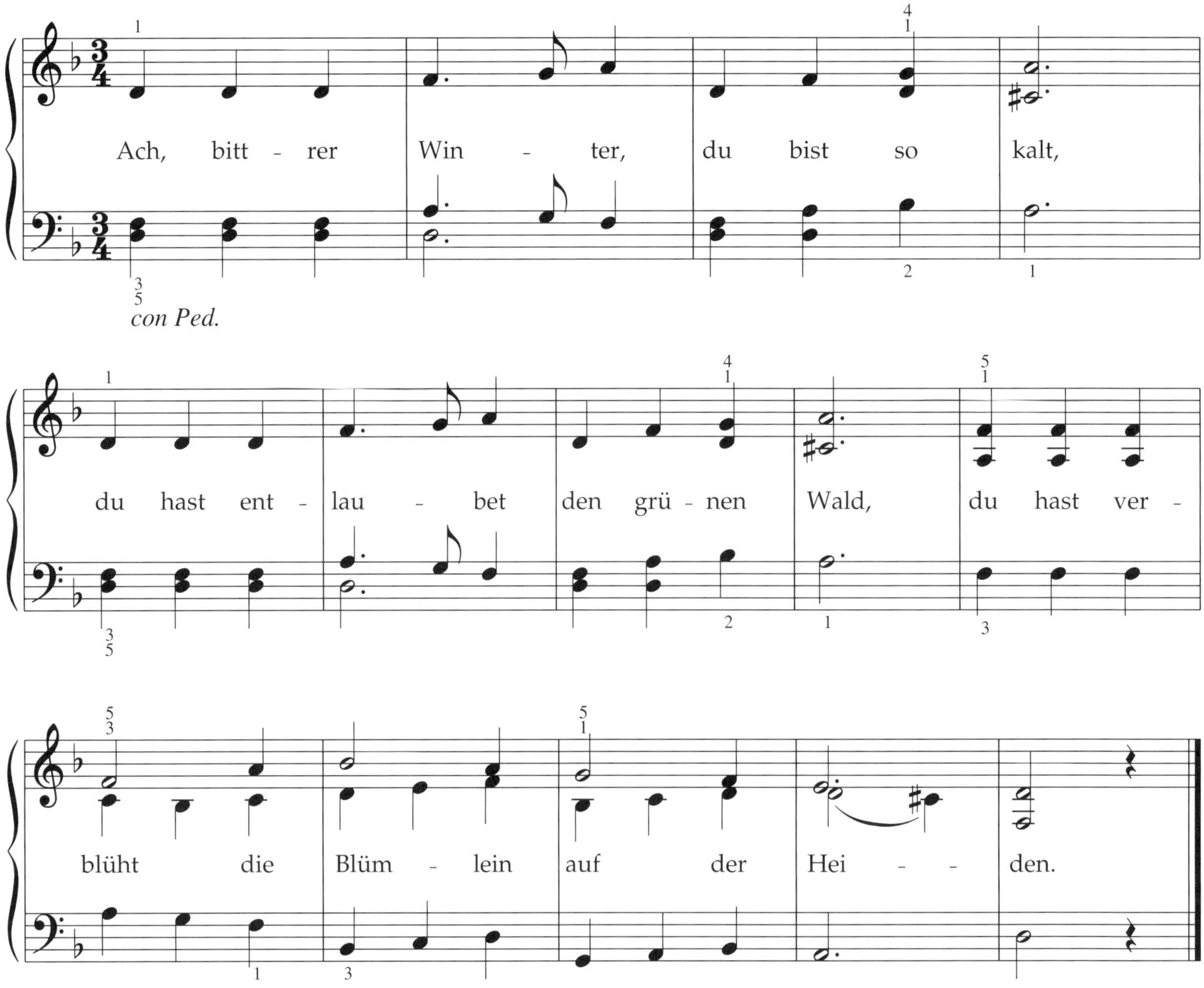

Ach, bitt - rer Win - ter, du bist so kalt,

du hast ent - lau - bet den grü - nen Wald,

blüht die Blüm - lein auf der Hei - den.

con Ped.

2. Die bunten Blümlein sind worden fahl,
   entflogen ist uns Frau Nachtigall.
   Sie ist entflogen,
   wird sie wieder singen?

Ach, wie ist's möglich dann

Text: aus Thüringen
Melodie: Friedrich Wilhelm Küeken (1810–1882)

Ach, wie ist's mög-lich dann, dass ich dich las-sen kann, hab dich von

con Ped.

Her-zen lieb, das glau-be mir! Du hast das Her-ze mein

so ganz ge-nom-men ein, dass ich kein' and-re lieb als dich al-lein.

2. Blau blüht ein Blümelein,
das heißt Vergissnichtmein;
dies Blümlein leg ans Herz
und denke mein!
Stirbt Blum und Hoffnung gleich,
wir sind an Liebe reich;
denn die stirbt nie bei mir,
das glaube mir!

3. Wär ich ein Vögelein,
bald wollt ich bei dir sein,
scheut Falk und Habicht nicht,
flög schnell zu dir.
Schöss mich ein Jäger tot,
fiel ich in deinen Schoß;
sähst du mich traurig an,
gern stürb ich dann.

Ade zur guten Nacht

aus Mitteldeutschland

con Ped.

A - de zur ___ gu - ten _ Nacht, jetzt wird der ___ Schluss ge - macht, dass

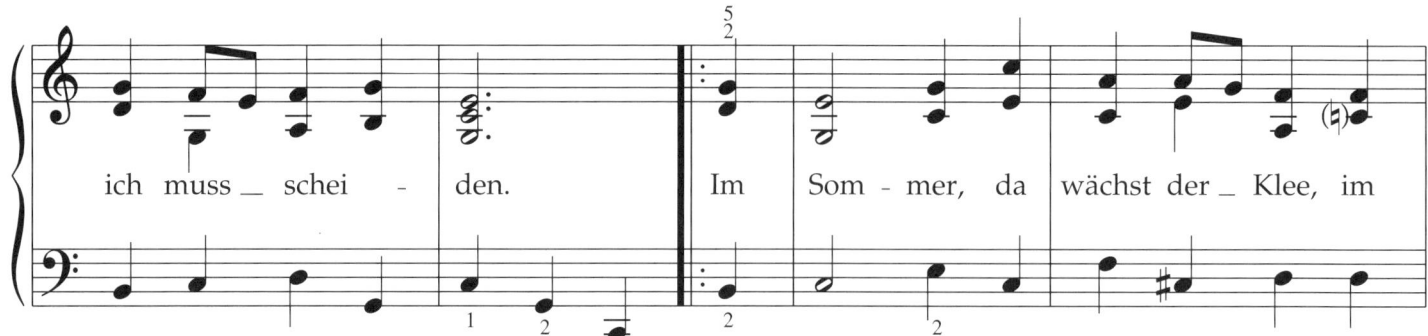

ich muss _ schei - den. Im Som - mer, da wächst der _ Klee, im

Win - ter, da schneit's den _ Schnee, ich muss dich _ mei - den. -den.

2. Es trauern Berg und Tal,
wo ich viel tausendmal
bin drüber 'gangen;
‖: das hat deine Schönheit gemacht,
hat mich zum Lieben gebracht
mit großem Verlangen. :‖

3. Das Brünnlein rinnt und rauscht
wohl dort am Holderstrauch,
wo wir gesessen,
‖: wie manchen Glockenschlag,
da Herz bei Herzen lag,
hast du vergessen! :‖

4. Die Mädchen in der Welt
sind falscher als das Geld
mit ihrem Lieben.
‖: Ade zur guten Nacht,
jetzt wird der Schluss gemacht,
dass ich muss scheiden. :‖

All mein Gedanken, die ich hab

Minnesängerlied

con Ped.

All mein Ge-dan-ken, die ich hab, die sind bei dir.
Du aus-er-wähl-ter ein'-ger Trost, bleib stets bei mir.

Du, du, du sollst an mich ge-den-ken;

hätt ich al-ler Wunsch Ge-walt, von dir wollt ich nicht wen-ken.

2. Du auserwählter ein'ger Trost,
gedenk daran, mein Leib und Gut,
das sollst du ganz zu eigen han.
Dein, dein, dein will ich immer bleiben.
Du gibst Freud und hohen Mut
und kannst mein Leid vertreiben.

3. Die Allerliebst und Minniglich,
die ist so zart. Ihr wohl gleich,
in allem reich, so findt man hart.
Bei, bei, bei ihr ist kein Verlangen.
Da ich von ihr scheiden sollt,
da hätt sie mich umfangen.

Alle Vögel sind schon da

Text: Hoffmann von Fallersleben (1798–1874)
Volkslied

Al - le Vö - gel sind schon _ da, al - le Vö - gel, al - le!

Welch ein Sin - gen, Mu - si - ziern, Pfei - fen, Zwit - schern, Ti - ri - liern!

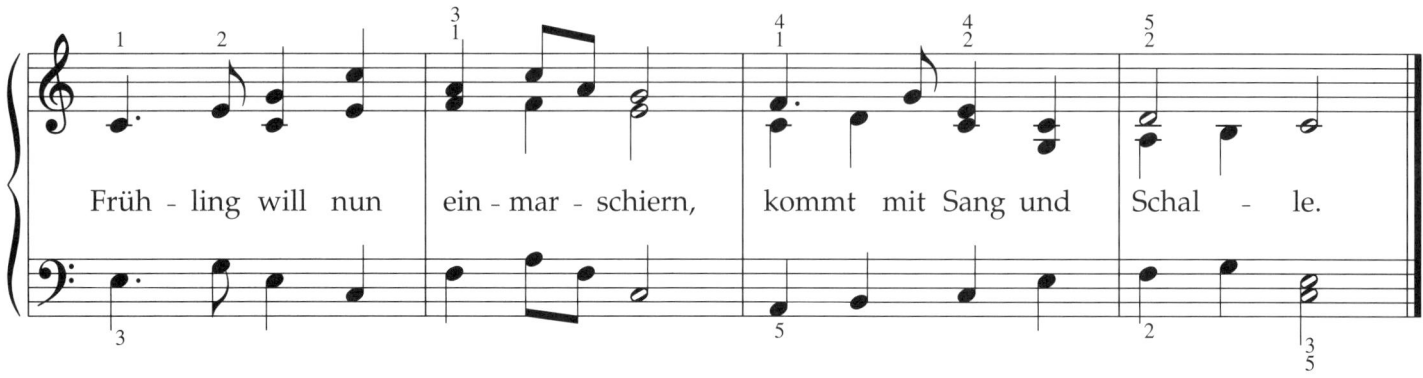

Früh - ling will nun ein - mar - schiern, kommt mit Sang und Schal - le.

2. Wie sie alle lustig sind,
   flink und froh sich regen!
   Amsel, Drossel, Fink und Star
   und die ganze Vogelschar
   wünschen uns ein frohes Jahr,
   lauter Heil und Segen.

3. Was sie uns verkünden nun,
   nehmen wir zu Herzen.
   Wir auch wollen lustig sein,
   lustig wie die Vögelein,
   hier und dort, feldaus, feldein,
   singen, springen, scherzen!

Ännchen von Tharau

Text: 17. Jahrhundert
Melodie: Friedrich Silcher (1789–1860)

Änn - chen von Tha - rau ist's, die mir ge - fällt, sie ist mein
Änn - chen von Tha - rau hat wie - der ihr Herz auf mich ge -

Le - ben, mein Gut und mein Geld. Änn - chen von Tha - rau, mein
rich - tet in Lieb und in Schmerz.

Reich - tum, mein Gut, du mei - ne See - le, mein Fleisch und mein Blut.

2. Käm alles Wetter gleich auf uns heran,
wir sind gesinnt, beieinander zu stahn.
Krankheit, Verfolgung, Betrübnis und Pein
soll unsrer Liebe Zusammenschluss sein.
Ännchen von Tharau, mein Reichtum, mein Gut,
du meine Seele, mein Fleisch und mein Blut.

3. So wie ein Palmenbaum über sich steigt,
hat ihn erst Regen und Sturmwind gebeugt,
so wird die Lieb in uns mächtig und groß
nach manchem Leiden und traurigem Los.
Ännchen von Tharau, mein Reichtum, mein Gut,
du meine Seele, mein Fleisch und mein Blut.

Brüderlein fein

Text: Ferdinand Raimund (1790–1836)
Melodie: Joseph Drechsler (1782–1852)

con Ped.

Brü-der-lein fein, Brü-der-lein fein, musst mir ja nicht bö-se_ sein!

Brü-der-lein fein, Brü-der-lein fein, musst nicht bö-se sein!____

Scheint die Son-ne noch _ so _ schön, ein-mal muss sie un-ter-gehn.

Brü-der-lein fein, Brü-der-lein fein, musst nicht bö-se sein!____

2. Brüderlein fein, Brüderlein fein,
wirst mir wohl recht gram jetzt sein.
Brüderlein fein, Brüderlein fein,
wirst recht gram jetzt sein.
Hast für mich wohl keinen Sinn,
wenn ich nicht mehr bei dir bin.
Brüderlein fein, Brüderlein fein,
musst nicht gram mir sein!

3. Brüderlein fein, Brüderlein fein,
zärtlich muss geschieden sein!
Brüderlein fein, Brüderlein fein,
's muss geschieden sein!
Denk manchmal an mich zurück,
schimpf nicht auf der Jugend Glück!
Brüderlein fein, Brüderlein fein,
schlag zum Abschied ein!

Bunt sind schon die Wälder

Text: Johann Gaudenz von Salis-Seewis (1762–1834)
Melodie: Johann Friedrich Reichardt (1752–1814)

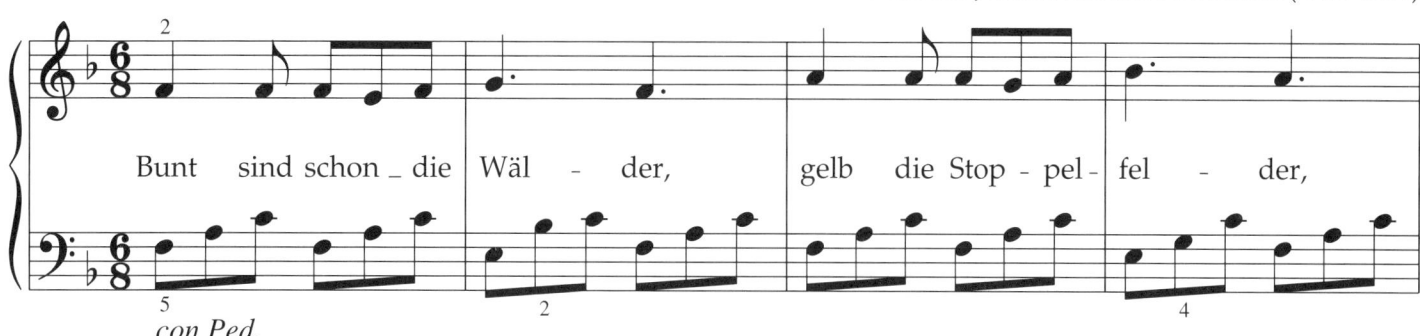

Bunt sind schon die Wäl - der, gelb die Stop - pel - fel - der,

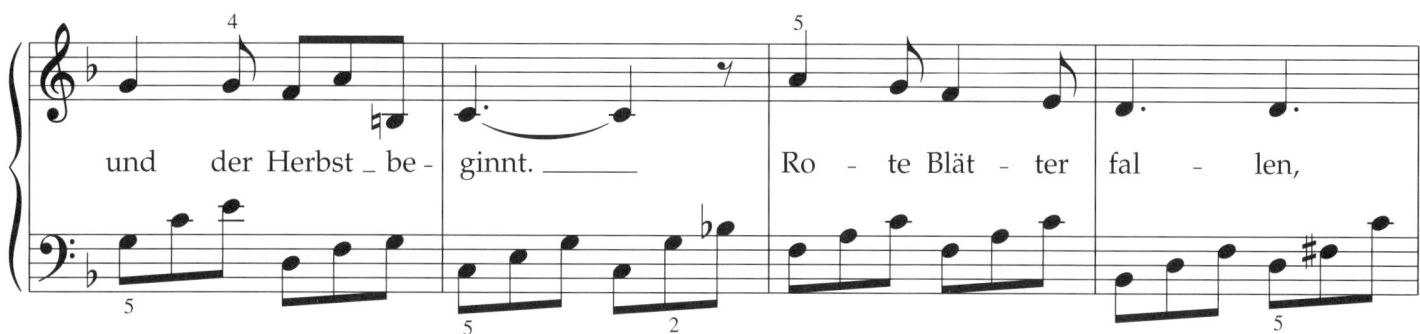

und der Herbst be - ginnt. _____ Ro - te Blät - ter fal - len,

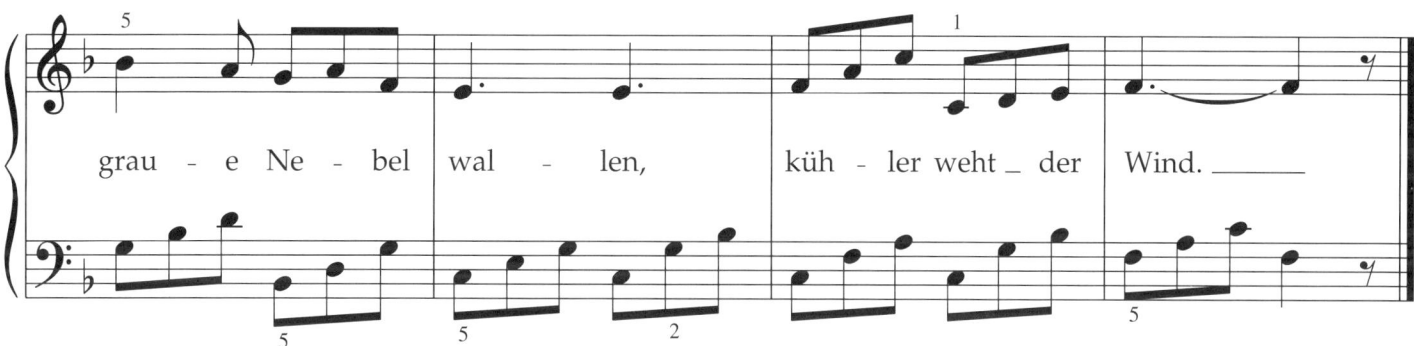

grau - e Ne - bel wal - len, küh - ler weht der Wind. _____

2. Wie die volle Traube
aus dem Rebenlaube
purpurfarbig strahlt!
Am Geländer reifen
Pfirsiche mit Streifen,
rot und weiß bemalt.

3. Flinke Träger springen
und die Mädchen singen,
alles jubelt froh!
Bunte Bänder schweben
zwischen hohen Reben
auf dem Hut von Stroh.

4. Geige tönt und Flöte
bei der Abendröte
und im Mondenglanz;
junge Winzerinnen
winken und beginnen
frohen Erntetanz.

Das Lieben bringt groß Freud

Text: aus Schwaben
Melodie: Friedrich Silcher (1789–1860)

Das Lie - ben bringt groß _ Freud, das _ wis - sen al - le _ Leut. Weiß _
mir ein schö - nes _ Schät - ze - lein mit zwei schwarz - brau - nen _ Äu - ge - lein, das _
mir, das _ mir, das _ mir mein Herz er - freut.

con Ped.

2. Ein Brieflein schrieb sie mir,
   ich soll treu bleiben ihr;
   drauf schickt ich ihr ein Sträußelein
   von Rosmarin und Nägelein,
   sie soll, sie soll,
   sie soll mein eigen sein.

3. Mein eigen soll sie sein,
   kei'm andern mehr als mein.
   So leben wir in Freud und Leid,
   bis dass der Tod uns beide scheid't.
   Ade, ade,
   ade, ihr lieben Leut.

Das Wandern ist des Müllers Lust

Text: Wilhelm Müller (1794–1827)
Melodie: Karl Friedrich Zöllner (1800–1860)

Das Wan - dern ist des Mül - lers Lust, das Wan - dern ist des Mül - lers Lust, das

con Ped.

2. Vom Wasser haben wir's gelernt,
   vom Wasser haben wir's gelernt,
   vom Wasser!
   Das hat nicht Ruh bei Tag und Nacht,
   ist stets auf Wanderschaft bedacht,
   ist stets auf Wanderschaft bedacht,
   das Wasser, Wasser,
   das Wasser, das Wasser,
   das Wasser, das Wasser, das Wasser.

3. Das sehn wir auch den Rädern ab,
   das sehn wir auch den Rädern ab,
   den Rädern,
   die gar nicht gerne stille stehn,
   die sich bei Tag nicht müde drehn,
   die sich bei Tag nicht müde drehn,
   die Räder, Räder,
   die Räder, die Räder,
   die Räder, die Räder, die Räder.

Der Mai ist gekommen

Text: Emanuel Geibel (1815–1884)
Melodie: Justus Wilhelm Lyra (1822–1882)

Der __ Mai ist ge - kom - men, die Bäu - me schla - gen aus;
da __ blei - be, wer Lust hat, mit Sor - gen zu Haus!

con Ped.

Wie die Wol - ken dort wan - dern am himm - li - schen __ Zelt, so __

steht auch mir der Sinn in die wei - te, wei - te Welt.

2. Herr Vater, Frau Mutter,
   dass Gott euch behüt!
   Wer weiß, wo in der Ferne
   mein Glück mir noch blüht!
   Es gibt so manche Straße,
   die nimmer ich marschiert,
   es gibt so manchen Wein,
   den nimmer ich probiert.

3. Frisch auf drum, frisch auf drum
   im hellen Sonnenstrahl,
   wohl über die Berge,
   wohl durch das tiefe Tal!
   Die Quellen erklingen,
   die Bäume rauschen all;
   mein Herz ist wie 'ne Lerche
   und stimmet ein mit Schall.

4. Und abends im Städtchen,
   da kehr ich durstig ein:
   „Herr Wirt, mein Herr Wirt,
   eine Kanne blanken Wein!
   Ergreife die Fiedel,
   du lust'ger Spielmann du!
   Von meinem Schatz das Liedel,
   das singe ich dazu."

5. Und find ich kein Herberg,
   so lieg ich zur Nacht
   wohl unter blauem Himmel,
   die Sterne halten Wacht;
   im Winde die Linde,
   die rauscht mich ein gemach,
   es küsset in der Frühe
   das Morgenrot mich wach.

Der Mond ist aufgegangen

Text: Matthias Claudius (1740–1815)
Melodie: J. A. Peter Schulz (1747–1800)

Der Mond ist auf - ge - gan - gen, die gold - nen Stern - lein pran - gen am

con Ped.

Him - mel hell und klar. Der Wald steht schwarz und schwei - get und

aus den Wie - sen stei - get der wei - ße Ne - bel wun - der - bar.

2. Wie ist die Welt so stille
und in der Dämmrung Hülle
so traulich und so hold,
als eine stille Kammer,
wo ihr des Tages Jammer
verschlafen und vergessen sollt.

3. Seht ihr den Mond dort stehen?
Er ist nur halb zu sehen
und ist doch rund und schön.
So sind wohl manche Sachen,
die wir getrost belachen,
weil unsre Augen sie nicht sehn.

4. Wir stolzen Menschenkinder
sind eitel arme Sünder
und wissen gar nicht viel.
Wir spinnen Luftgespinste
und suchen viele Künste
und kommen weiter von dem Ziel.

Die Gedanken sind frei

18. Jahrhundert

con Ped.

Die Ge - dan - ken sind _ frei! Wer kann sie er - ra - ten? Sie

flie - hen vor - bei wie nächt - li - che Schat - ten. Kein

Mensch kann sie wis - sen, kein Jä - ger er - schie - ßen mit

Pul - ver und ___ Blei. Die Ge - dan - ken sind frei!

2. Ich denke, was ich will
und was mich beglücket,
doch alles in der Still
und wie es sich schicket.
Mein Wunsch und Begehren
kann niemand verwehren,
es bleibet dabei:
Die Gedanken sind frei!

3. Und sperrt man mich ein
im finsteren Kerker,
das alles sind rein
vergebliche Werke.
Denn meine Gedanken
zerreißen die Schranken
und Mauern entzwei:
Die Gedanken sind frei!

4. Drum will ich auf immer
den Sorgen entsagen
und will mich auch nimmer
mit Grillen mehr plagen.
Man kann ja im Herzen
stets lachen und scherzen
und denken dabei:
Die Gedanken sind frei!

Die güldene Sonne

Text: Philipp von Zesen (1619–1689)
Melodie: Johann Georg Ahle (1651–1706)

Die gül-de-ne Son-ne bringt Le-ben und Won-ne, die

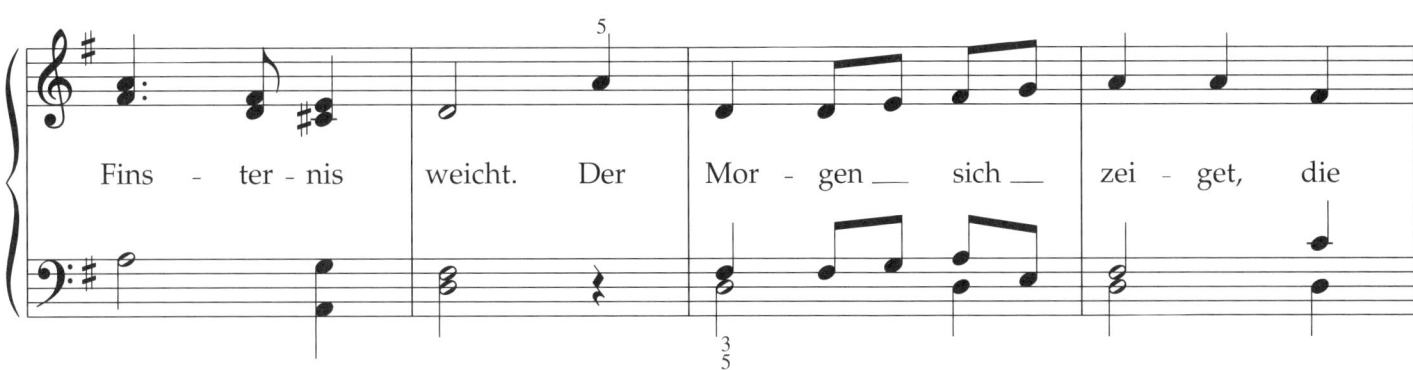

Fins-ter-nis weicht. Der Mor-gen sich zei-get, die

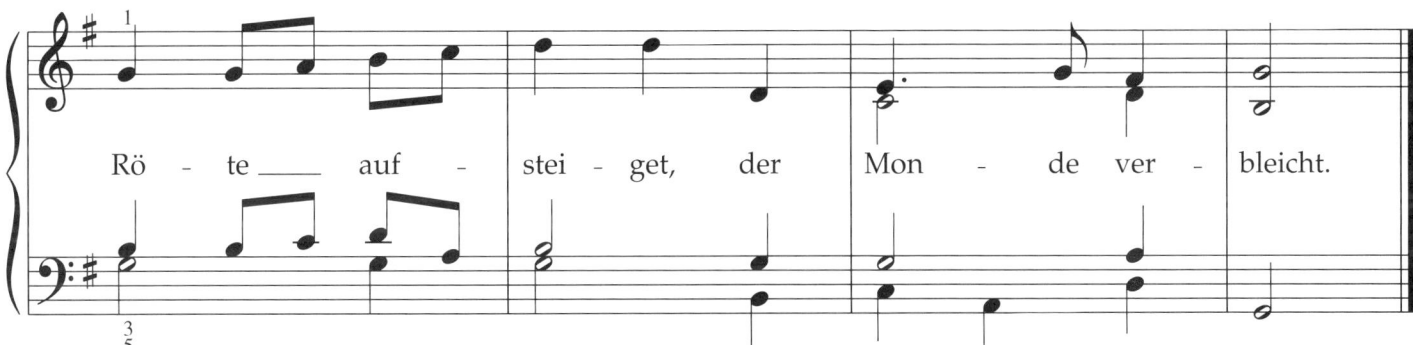

Rö-te auf-stei-get, der Mon-de ver-bleicht.

2. Nun sollen wir loben
den Höchsten dort oben,
dass er uns die Nacht
hat wollen behüten
vor Schrecken und Wüten
der höllischen Macht.

3. Kommt, lasset uns singen,
die Stimmen erschwingen,
zu danken dem Herrn.
Ei, bittet und flehet,
dass er uns beistehet
und weiche nicht fern.

4. Es sei ihm ergeben
mein Leben und Streben,
mein Gehen und Stehn.
Er gebe mir Gaben
zu meinem Vorhaben,
lass richtig mich gehn.

5. In meinem Studieren
wird er mich wohl führen
und bleiben bei mir,
wird schärfen die Sinnen
zu meinem Beginnen
und öffnen die Tür.

Die schöne Lilofee

aus Nordböhmen

Es freit' ein wil - der Was - ser - mann in der Burg wohl ü - ber dem See, des Kö - nigs Toch - ter musst er han, die schö - ne, jun - ge Li - lo - fee.

con Ped.

2. Sie hörte drunten die Glocken gehn
im tiefen, tiefen See,
wollt Vater und Mutter wiedersehn,
die schöne, junge Lilofee.

3. Und als sie vor dem Tore stand,
auf der Burg wohl über dem See,
da neigt' sich Laub und grünes Gras
vor der schönen, jungen Lilofee.

4. Und als sie aus der Kirche kam
von der Burg wohl über dem See,
da stand der wilde Wassermann
vor der schönen, jungen Lilofee.

5. „Sprich, willst du hinunter gehn mit mir
von der Burg wohl über dem See,
deine Kindlein unten weinen nach dir,
du schöne, junge Lilofee."

6. „Und eh ich die Kindlein weinen lass
im tiefen, tiefen See,
scheid ich von Laub und grünem Gras,
ich arme, junge Lilofee."

Drunten im Unterland

Text: Gottfried Weile (1814–1855)
Volkslied

Drun - ten __ im Un - ter - land, da __ ist's __ halt __ fein.

Schle - hen im O - ber - land, Trau - ben __ im Un - ter - land.

Drun - ten __ im Un - ter - land möcht __ i ___ wohl __ sein.

2. ‖: Drunten im Neckartal,
da ist's halt gut. :‖
Ist mer's da oben 'rum
manchmal au' no' so dumm,
han i doch alleweil
drunten gut's Blut.

3. ‖: Kalt ist's im Oberland,
unten ist's warm. :‖
Oben sind d'Leut so reich,
d'Herzen sind gar net weich,
sehn mi net freundlich an,
werden net warm.

4. ‖: Aber da unten 'rum,
da sind d'Leut arm, :‖
aber so froh und frei
und in der Liebe treu;
drum sind im Unterland
d'Herzen so warm.

Ein Jäger längs dem Weiher ging

Text und Melodie:
Anton Wilhelm Florentin von Zuccalmaglio (1803–1869)

con Ped.

Ein Jä-ger längs dem Wei-her ___ ging, lauf, Jä-ger,

lauf! Die Däm-me-rung den Wald um-fing. Lauf, Jä-ger, lauf, Jä-ger,

lauf, lauf, lauf! Mein lie-ber Jä-ger, gu-ter Jä-ger, lauf, lauf, lauf, mein

lie-ber Jä-ger, lauf, mein ___ lie-ber Jä-ger, lauf!

2. „Was raschelt in dem Grase dort?"
Lauf, Jäger, lauf!
„Was flüstert leise fort und fort?"
Lauf, Jäger, lauf, Jäger, lauf, lauf, lauf! …

3. „Was ist das für ein Untier doch?"
Lauf, Jäger, lauf!
„Hat Ohren wie ein Blocksberg hoch."
Lauf, Jäger, lauf, Jäger, lauf, lauf, lauf! …

4. „Das muss fürwahr ein Kobold sein," lauf …
„hat Augen wie Karfunkelstein!" Lauf …

5. Der Jäger lief zum Wald hinaus, lauf …
verkroch sich flink im Jägerhaus. Lauf …

6. Das Häschen spielt' im Mondenschein, lauf …
ihm leucht'ten froh die Äugelein. Lauf …

Es, es, es und es

18. Jahrhundert

Es, es, es und es, es ist ein har-ter Schluss,
weil, weil, weil und weil, weil ich aus Frank-furt

con Ped.

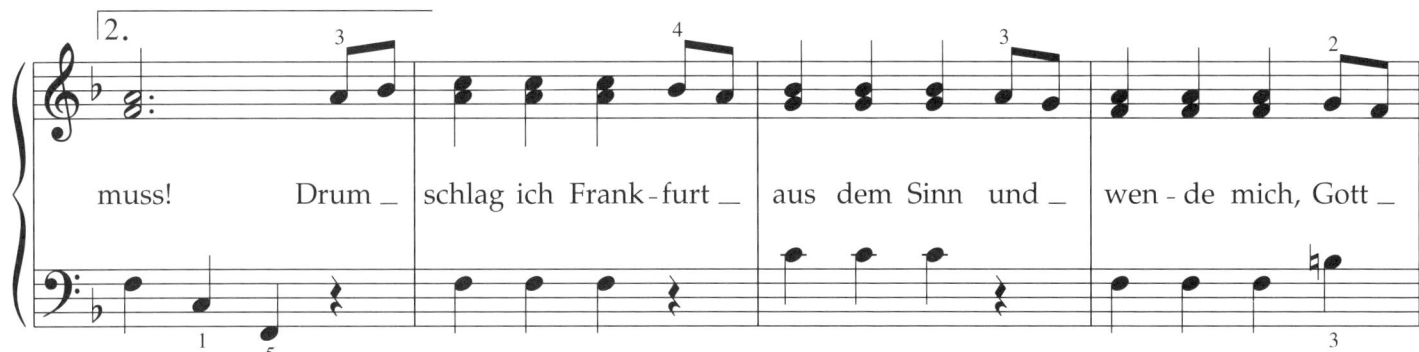

muss! Drum schlag ich Frank-furt aus dem Sinn und wen-de mich, Gott

weiß, wo - hin. Ich will mein Glück pro - bie - ren, mar - schie - ren.

2. :Er, er, er und er,
Herr Meister, leb er wohl!:
Ich sag's ihm grad frei ins Gesicht,
seine Arbeit, die gefällt mir nicht.
Ich will mein Glück probieren,
marschieren.

3. :Sie, sie, sie und sie,
Frau Meist'rin, leb sie wohl!:
Ich sag's ihr grad frei ins Gesicht,
ihr Speck und Kraut, das schmeckt mir nicht.
Ich will mein Glück probieren,
marschieren.

4. :Ihr, ihr, ihr und ihr,
ihr Jungfern, lebet wohl!:
Ich wünsche euch zu guter Letzt,
einen andern, der mein Stell ersetzt.
Ich will mein Glück probieren,
marschieren.

5. :Ihr, ihr, ihr und ihr,
ihr Brüder, lebet wohl!:
Hab ich euch was zuleid getan,
so bitt ich um Verzeihung an.
Ich will mein Glück probieren,
marschieren.

Geh aus, mein Herz

Text: Paul Gerhardt (1607–1676)
Melodie: August Harder (1775–1813)

Geh aus, mein Herz, und su - che Freud in die - ser __ lie - ben

Som - mers - zeit an dei - nes Got - tes __ Ga - ben! Schau an der schö - nen

Gär - ten __ Zier und sie - he, wie sie mir __ und __ dir sich __

aus - ge - schmü - cket __ ha - ben, sich aus - ge - schmü - cket __ ha - ben.

2. Die Bäume stehen voller Laub,
    das Erdreich decket seinen Staub
    mit einem grünen Kleide;
    Narzissus und die Tulipan,
    die ziehen sich viel schöner an
    als Salomonis Seide.

3. Die Lerche schwingt sich in die Luft,
    das Täublein fliegt aus seiner Kluft
    und macht sich in die Wälder;
    die hochbegabte Nachtigall
    ergötzt und füllt mit ihrem Schall
    Berg, Hügel, Tal und Felder.

4. Die Glucke führt ihr Völklein aus,
   der Storch baut und bewohnt sein Haus,
   das Schwälblein speist die Jungen;
   der schnelle Hirsch, das leichte Reh
   ist froh und kommt aus seiner Höh
   ins tiefe Gras gesprungen.

5. Ich selber kann und mag nicht ruhn;
   des großen Gottes großes Tun
   erweckt mir alle Sinnen.
   Ich singe mit, wenn alles singt,
   und lasse, was dem Höchsten klingt,
   aus meinem Herzen rinnen.

Grün, grün, grün sind alle meine Kleider

aus Norddeutschland

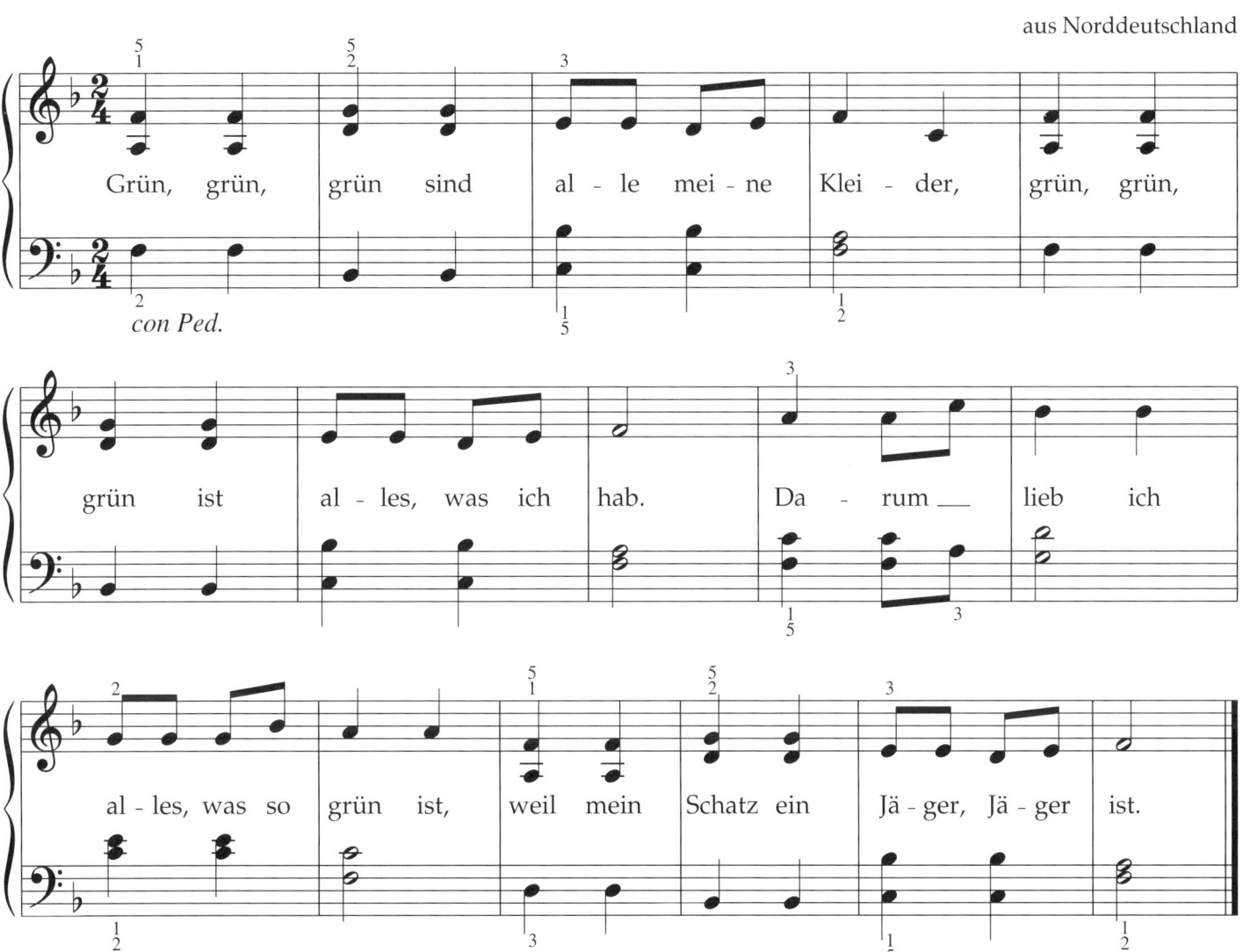

2. Weiß, weiß, weiß sind alle meine Kleider,
   weiß, weiß, weiß ist alles, was ich hab.
   Darum lieb ich alles, was so weiß ist,
   weil mein Schatz ein Müller, Müller ist.

3. Blau, blau, blau sind alle meine Kleider,
   blau, blau, blau ist alles, was ich hab.
   Darum lieb ich alles, was so blau ist,
   weil mein Schatz ein Färber, Färber ist.

4. Bunt, bunt, bunt sind alle meine Kleider,
   bunt, bunt, bunt ist alles, was ich hab.
   Darum lieb ich alles, was so bunt ist,
   weil mein Schatz ein Maler, Maler ist.

5. Schwarz, schwarz, schwarz sind alle meine Kleider,
   schwarz schwarz, schwarz ist alles, was ich hab.
   Darum lieb ich alles, was so schwarz ist,
   weil mein Schatz ein Schornsteinfeger ist.

Grüß Gott, du schöner Maien

aus der Schweiz

Grüß Gott, du schö - ner Mai - - en, da bist du wied' - rum
jung und alt er - freu - - en mit dei - ner Blu - men -

1. hier; tust 2. - zier. Die lie - ben Vög - lein al - le, sie

sin - gen all so hell; Frau Nach - ti - gall mit

Schal - - le hat die für - nehms - te Stell!

2. Die kalten Wind verstummen, der Himmel ist gar blau;
die lieben Bienlein summen daher auf grüner Au.
O holde Lust im Maien, da alles neu erblüht,
du kannst mir sehr erfreuen mein Herz und mein Gemüt.

Heißa, Kathreinerle

aus dem Elsass

Hei - ßa, Kath - rei - ner - le, schnür dir die Schuh,

schürz dir dein Rö - cke - le, gönn dir kein Ruh!

Di - del, du - del, da - del, schrumm, schrumm, schrumm, geht schon der Hop - ser rum.

Hei - ßa, Kath - rei - ner - le, frisch im - mer - zu.

2. Dreh wie ein Rädele
flink dich im Tanz!
Fliegen die Zöpfele,
wirbelt der Kranz.
Didel, dudel, dadel,
schrumm, schrumm, schrumm,
lustig im Kreis herum
dreh dich, mein Mädel,
im festlichen Glanz!

3. Heute heißt's lustig sein,
morgen ist's aus!
Sinket der Lichter Schein,
gehn wir nach Haus.
Didel, dudel, dadel,
schrumm, schrumm, schrumm,
morgen mit viel Gebrumm
fegt die Frau Wirtin
den Tanzboden aus.

Horch, was kommt von draußen rein

aus Schwaben

Horch, was kommt von drau-ßen rein? Hol - la - hi, hol - la - ho! Wird wohl mein Feins-

lieb-chen sein, hol - la - hi - a - ho! Geht vor - bei und __ schaut nicht

rein, hol - la - hi, hol - la - ho! Wird's wohl

nicht ge - we - sen sein, hol - la - hi - a - ho!

2. Leute haben's oft gesagt,
    was ich für ein Liebchen hab!
    Lass sie reden, schweig fein still,
    kann ja lieben, wen ich will!

3. Wenn mein Liebchen Hochzeit hat,
    ist für mich ein Trauertag.
    Geh dann in mein Kämmerlein,
    trag den Schmerz für mich allein.

4. Wenn ich mal gestorben bin,
    trägt man mich zum Friedhof hin.
    Setzt mir keinen Leichenstein,
    pflanzt mir drauf Vergissnichtmein!

Ich ging durch einen grasgrünen Wald

aus Hessen

con Ped.

Ich ging durch ei - nen gras - grü - nen _ Wald und hör - te die Vö - ge-lein

sin - gen; sie san - gen so jung, sie san - gen so alt, die

klei - nen Vö - ge-lein in dem Wald, die hört ich so ger - ne wohl sin - gen.

2. Stimm an, stimm an, Frau Nachtigall,
   sing mir von meinem Feinsliebchen!
   Sing mir es so hübsch, sing mir es so fein,
   heut Abend will ich bei ihr sein,
   sie halten in meinen Armen.

Ich hab die Nacht geträumet

alte Volksweise

Ich hab die Nacht ge-träu - met wohl ei - nen schwe -ren Traum: Es wuchs in mei - nem Gar - ten ein Ros - ma - ri - en - baum.

2. Ein Kirchhof war der Garten,
   das Blumenbeet ein Grab,
   und von dem grünen Baume
   fiel Kron und Blüten ab.

3. Die Blüten tät ich sammeln
   in einen goldnen Krug,
   der fiel mir aus den Händen,
   dass er in Stücke schlug.

4. D'raus sah ich Perlen rinnen
   und Tröpflein rosenrot.
   Was mag der Traum bedeuten?
   Herzliebster, bist du tot?

Im schönsten Wiesengrunde

Text: Wilhelm Ganzhorn (1818–1880)
Melodie: Friedrich Silcher (1789–1860)

2. Muss aus dem Tal jetzt scheiden,
wo alles Lust und Klang.
Das ist mein herbstes Leiden,
mein letzter Gang.
Dich, mein stilles Tal,
grüß ich tausendmal!
Das ist mein herbstes Leiden,
mein letzter Gang.

3. Sterb ich, in Tales Grunde
will ich begraben sein.
Singt mir zur letzten Stunde
beim Abendschein:
Dir, mein stilles Tal,
Gruß zum letzten Mal!
Singt mir zur letzten Stunde
beim Abendschein!

In einem kühlen Grunde

Text: Joseph von Eichendorff (1788-1857)
Melodie: Friedrich Glück (1793–1840)

2. Sie hat mir Treu versprochen,
gab mir ein' Ring dabei.
Sie hat die Treu gebrochen,
mein Ringlein sprang entzwei.
Sie hat die Treu gebrochen,
mein Ringlein sprang entzwei.

3. Ich möcht als Spielmann reisen
wohl in die Welt hinaus
und singen meine Weisen
und gehn von Haus zu Haus,
und singen meine Weisen
und gehn von Haus zu Haus.

4. Ich möcht als Reiter fliegen
wohl in die blut'ge Schlacht,
um stille Feuer liegen
im Feld bei dunkler Nacht,
um stille Feuer liegen
im Feld bei dunkler Nacht.

5. Hör ich das Mühlrad gehen:
Ich weiß nicht, was ich will!
Ich möcht am liebsten sterben,
da wär's auf einmal still!
Ich möcht am liebsten sterben,
da wär's auf einmal still!

Jetzt fängt das schöne Frühjahr an

aus dem Rheinland

Jetzt fängt das schö - ne Früh-jahr an und al - les fängt zu

blü - hen an auf grü - ner Heid _____ und ü - ber - all.

2. Es blühen Blümlein auf dem Feld,
   sie blühen weiß, blau, rot und gelb;
   es gibt nichts Schönres auf der Welt.

3. Jetzt geh ich über Berg und Tal,
   da hört man schon die Nachtigall
   auf grüner Heid und überall.

Jetzt gang i ans Brünnele

aus Schwaben

con Ped.

Jetzt gang i ans ___ Brün – ne – le, trink a – ber net, jetzt

gang i ans ___ Brün – ne – le, trink a – ber net. Da

such i mein herz – tau – si – gen Schatz, fin – d'n a – ber net, ___ da

such i mein herz – tau – si – gen Schatz, fin – d'n a – ber net.

2. ‖: Do lass i mei Äugele
   um und um gehn, :‖
   ‖: do sieh i mein herztausigen Schatz
   bei nem andren stehn. :‖

3. ‖: Und bei nem andren stehen sehn,
   ach, das tut weh. :‖
   ‖: Jetzt b'hüt di Gott, herztausiger Schatz,
   di b'sieh i nimmermeh'. :‖

4. ‖: Jetzt leg i mi nieder
   aufs Heu und aufs Stroh; :‖
   ‖: do falle drei Rösele
   mir in den Schoß. :‖

Kein Feuer, keine Kohle

aus Schlesien

Kein Feu - er, kei - ne Koh - le kann bren - nen ___ so ___

con Ped.

heiß ___ als heim - li - che ___ Lie - be, von der nie - mand nichts

weiß, _____ von der nie - mand nichts weiß.

2. Kein Rose, keine Nelke
   kann blühen so schön,
   als wenn zwei verliebte Seelen
   zueinander tun stehn,
   zueinander tun stehn.

3. Setz du mir einen Spiegel
   ins Herze hinein,
   damit du kannst sehen,
   wie so treu ich es mein,
   wie so treu ich es mein.

Kein schöner Land in dieser Zeit

Text und Melodie:
Anton Wilhelm Florentin von Zuccalmaglio (1803–1869)

Kein schö-ner Land in die-ser Zeit als hier das uns-re weit und

con Ped.

breit, wo wir uns fin - den wohl un-ter Lin - den zur A-bend-

zeit, wo wir uns fin - den wohl un-ter Lin - den zur A-bend-zeit.

2. Da haben wir so manche Stund
gesessen da in froher Rund
‖: und taten singen,
die Lieder klingen
im Eichengrund. :‖

3. Dass wir uns hier in diesem Tal
noch treffen so viel hundertmal:
‖: Gott mag es schenken,
Gott mag es lenken,
er hat die Gnad. :‖

4. Jetzt, Brüder, eine gute Nacht,
der Herr im hohen Himmel wacht.
‖: In seiner Güten
uns zu behüten,
ist er bedacht. :‖

Kommt, ihr G'spielen

Melodie: Melchior Franck
(um 1579–1639)

Kommt, ihr G'spie - len, wir wolln uns küh - len bei
die - sem fri - schen Tau - - e. Wer - det ihr sin - gen,
wird es er - klin - gen fern in die - ser Au - - e.

con Ped.

2. ‖: Hört, ihr G'sellen,
   die Hündlein bellen,
   was wollen wir beginnen? :‖
   ‖: Lasset uns kriegen,
   lasset uns siegen,
   Sommerlust gewinnen! :‖

3. ‖: Auf, ihr Brüder,
   singt hoch und nieder,
   den Sommer zu gewinnen! :‖
   ‖: Ist es nicht Schande,
   weit in dem Lande,
   wenn wir uns besinnen? :‖

Lieb Nachtigall, wach auf

17. Jahrhundert

2. Flieg her zum Krippelein!
   Flieg her, geliebtes Schwesterlein,
   blas an dem feinen Psalterlein,
   sing, Nachtigall, gar fein!
   Dem Kindelein musiziere,
   koloriere, jubiliere,
   sing, sing, sing
   dem süßen Jesulein!

3. Sing, Nachtigall, ohn End!
   Zu vielen hunderttausend Mal
   das Kindlein lobe ohne Zahl,
   ihm deine Liebe send!
   Dem Heiland mein Ehr erweise,
   lob und preise laut und leise,
   sing, sing, sing
   dem Christuskindelein!

Lieber Nachbar

Volksweise

con Ped.

Lie - ber Nach - bar, ach, __ leiht mir doch eu - re __ La - tern!
Es __ ist ja so __ fins - ter und scheint nicht __ ein __ Stern.

Mein Schäf - lein __ ver - lor heut im Fel - de __ der __ Hirt; drum __

muss ich doch __ se - hen, ob sich's hat __ ver - irrt.

2. Lieber Nachbar, ach, leiht mir
doch eure Latern!
Sind die Gläser auch schmutzig,
ich putz mir sie gern;
und fehlt eine Scheibe,
so schadet das nicht;
ich halte den Hut vor,
dann brennt doch mein Licht.

3. Lieber Nachbar, ich werde
stets dankbar euch sein!
Bald scher ich meinem Schäflein
die Wolle so fein;
dann strickt euch mein Fritzchen
eine Zipfelmütze draus,
dass ihr euch nicht erkältet,
geht abends ihr aus.

Lustig ist das Zigeunerleben

19. Jahrhundert

Lus - tig ist das Zi - geu - ner - le - ben, fa - ri - a,
Brauchn dem Kai - ser kein' Zins zu ge - ben, fa - ri - a,

fa - ri - a, ho. Lus - tig ist's __ im
fa - ri - a, ho. __

grü - nen Wald, wo des Zi - geu - ners Auf - ent -

halt, fa - ri - a, fa - ri - a, fa - ri - a,

fa - ri - a, fa - ri - a, fa - ri - a, ho. __

Mädel, ruck, ruck, ruck

aus Schwaben

Mä - del, ruck, ruck, ruck an mei - ne grü - ne Sei - te, i hab di gar so gern,

i kann di lei - de; Mä - del, gar so gern, i kann di lei - de!

Bist so lieb und gut, schön wie Milch und Blut, du musst bei mir blei - be,

musst mir d'Zeit ver - trei - be. Mä - del, ruck, ruck, ruck an mei - ne grü - ne

Sei - te, i hab di gar so gern, i kann di lei - de!

Muss i denn, muss i denn zum Städtele hinaus

aus Schwaben

2. Wie du weinst, wie du weinst,
dass i wandere muss, wandere muss,
wie wenn d'Lieb jetzt wär vorbei!
Sind au draus, sind au draus
der Mädele viel, Mädele viel,
lieber Schatz, i bleib dir treu.
Denk du net, wenn i en andre sieh,
so sei mei Lieb vorbei.
Sind au draus, sind au draus
der Mädele viel, Mädele viel,
lieber Schatz, i bleib dir treu.

3. Übers Jahr, übers Jahr,
wenn mer Träubele schneid, Träubele schneid,
stell i hier mi wiedrum ein.
Bin i dann, bin i dann
dein Schätzele noch, Schätzele noch,
so soll die Hochzeit sein.
Übers Jahr, do ist mein Zeit vorbei,
da g'hör i mein und dein.
Bin i dann, bin i dann
dein Schätzele noch, Schätzele noch,
so soll die Hochzeit sein.

Nun ade, du mein lieb Heimatland

Text: August Disselhoff (1829–1903)
Melodie: 19. Jahrhundert

2. Wie du lachst mit deines Himmels Blau,
lieb Heimatland, ade!
Wie du grüßest mich mit Feld und Au,
lieb Heimatland, ade!
Gott weiß, zu dir steht stets mein Sinn,
doch jetzt zur Ferne zieht's mich hin,
lieb Heimatland, ade!

3. Begleitest mich, du lieber Fluss,
lieb Heimatland, ade!
Bist traurig, dass ich wandern muss,
lieb Heimatland, ade!
Vom moos'gen Stein am wald'gen Tal,
da grüß ich dich zum letzten Mal,
lieb Heimatland, ade!

Nun ruhen alle Wälder

Text: Paul Gerhardt (1607–1676)
Melodie: 16. Jahrhundert

con Ped.

Nun ru-hen al-le Wäl-der, Vieh, Men-schen, Stadt und Fel-der, es

schläft die gan-ze Welt. Ihr a-ber, mei-ne Sin-nen, auf,

auf, ihr sollt be-gin-nen, was eu-rem Schöp-fer wohl-ge-fällt.

2. Der Tag ist nun vergangen,
   die güldnen Sternlein prangen
   am blauen Himmelssaal;
   also werd ich auch stehen,
   wann mich wird heißen gehen
   mein Gott aus diesem Jammertal.

3. Auch euch, ihr meine Lieben,
   soll heute nicht betrüben
   kein Unfall noch Gefahr.
   Gott lass euch selig schlafen,
   stell euch die güldnen Waffen
   ums Bett und seiner Engel Schar.

Nun wollen wir singen das Abendlied

19. Jahrhundert

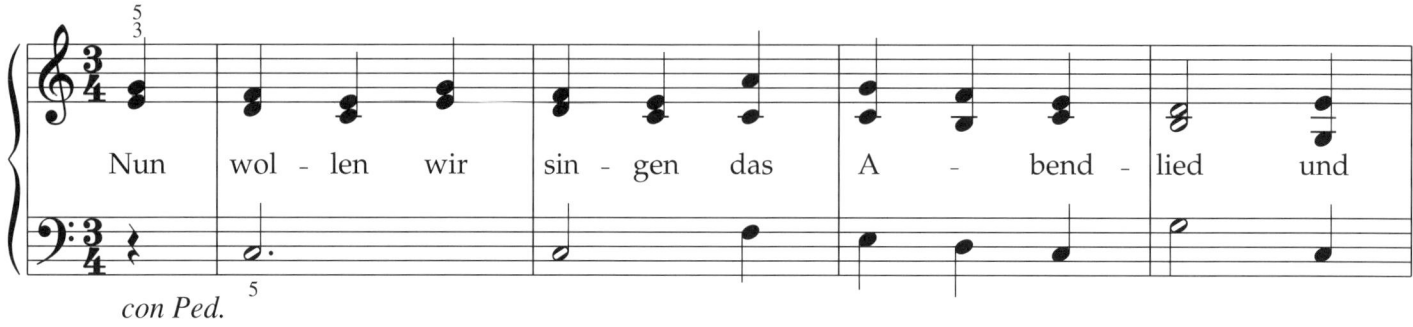

Nun wol-len wir sin-gen das A-bend-lied und

con Ped.

be - ten, dass Gott uns be - hüt.

2. Es weinen viel Augen wohl jegliche Nacht,
   bis morgens die Sonne erwacht.

3. Es wandern viel Sternlein am Himmelsrund,
   wer sagt ihnen Fahrweg und Stund?

O du lieber Augustin

aus Wien

O du lie - ber Au - gus - tin, Au - gus - tin, Au - gus - tin,

o du lie - ber Au - gus - tin, al - les ist hin!

's Geld ist weg, 's Madl ist weg, al - les weg, al - les weg.

O du lie - ber Au - gus - tin, al - les ist hin!

Rosentraum

aus Schlesien

"Wohl heu - te noch und mor - gen, da blei - be ich bei dir. Wenn a - ber kommt der drit - te Tag, so ____ muss ich fort von hier."

con Ped.

2. „Wann aber kommst du wieder,
   Herzallerliebster mein?"
   „Wenn's schneiet rote Rosen
   und regnet kühlen Wein."

3. „Es schneiet keine Rosen,
   es regnet keinen Wein.
   So kommst du auch nicht wieder,
   Herzallerliebster mein!"

4. „In meines Vaters Garten
   legt ich mich nieder und schlief.
   Da träumet mir ein Träumelein,
   wie's schneiet über mich.

5. Und als ich nun erwachte,
   da war es lauter nichts;
   es warn die roten Röselein,
   die blühten über mich."

6. Der Knabe kehrt zurücke,
   geht in den Garten ein,
   trägt einen Kranz von Rosen
   und einen Becher Wein.

7. Hat mit dem Fuß gestoßen
   wohl an das Hügelein, –
   er fiel, da schneit es Rosen,
   da regnet's kühlen Wein.

Rosestock, Holderblüh

aus Schwaben

Ro - se-stock, __ Hol - der - blüh! Wenn i __ mein Dirn - derl __ sieh,

lacht mer vor __ lau - ter __ Freud 's Her - zerl im Leib.

Tra - la - la, tra - la - la, tra - la - la - la - la - la - la - la,

tra - la - la, tra - la - la, tra - la - la - la!

2. Gsichterl wie Milch und Blut,
   's Dirnderl is gar so gut,
   um und um ist's dockerlnett,
   wenn i's no hätt!
   Tralala, tralala …

3. Armerl so kugelrund,
   Lippen so frisch und gsund,
   Füßerl so hurtig gschwind,
   tanzt wie der Wind.
   Tralala, tralala …

4. Wenn i ins dunkelblau,
   funkelhell Augerl schau,
   mein i, i schau in mei
   Himmelreich nei.
   Tralala, tralala …

Sah ein Knab ein Röslein stehn

Text: Johann Wolfgang von Goethe (1749–1832)
Melodie: Heinrich Werner (1800–1833)

con Ped.

Sah ein Knab ein Rös-lein stehn, Rös-lein auf der Hei-den, war so jung und mor-gen-schön, lief er schnell, es nah zu sehn, sah's mit vie-len Freu-den. Rös-lein, Rös-lein, Rös-lein rot, Rös-lein auf der Hei-den!

2. Knabe sprach: „Ich breche dich,
Röslein auf der Heiden!"
Röslein sprach:„Ich steche dich,
dass du ewig denkst an mich,
und ich will's nicht leiden!"
Röslein, Röslein …

3. Und der wilde Knabe brach
's Röslein auf der Heiden;
Röslein wehrte sich und stach,
half ihm doch kein Weh und Ach,
musst es eben leiden.
Röslein, Röslein …

Sankt Michael

1623

Un – ü – ber – wind – lich star – ker Held, Sankt Mi – cha – el! Komm uns zu Hilf, zieh mit zu Feld! Hilf uns hie kämp – fen, die Fein – de dämp – fen, Sankt Mi – cha – el!

2. Du bist des Himmels Bannerherr,
   Sankt Michael!
   Die Engel sind dein Königsheer.
   Hilf uns …

3. Von deiner Macht zu sagen weiß,
   Sankt Michael,
   der höllisch Drach und sein Geschmeiß.
   Hilf uns …

4. Den Drachen du ergriffen hast,
   Sankt Michael,
   und unter deinen Fuß gefasst.
   Hilf uns …

5. Groß ist dein Macht, groß ist dein Heer,
   Sankt Michael,
   groß auf dem Land, groß auf dem Meer.
   Hilf uns …

6. Mit Luzifer hast du gekämpft,
   Sankt Michael!
   Du hast sein Heer und Macht gedämpft.
   Hilf uns …

Schlafe, mein Prinzchen, schlaf ein

Text: Friedrich Wilhelm Gotter (1746–1797)
Melodie: Friedrich Anton Fleischmann (1766–1798)

Schla - fe, mein Prinz - chen, schlaf ein! _____ Es ruhn Schäf-chen und Vö - ge -

con Ped.

lein, Gar - ten und Wie - se ver - stummt,

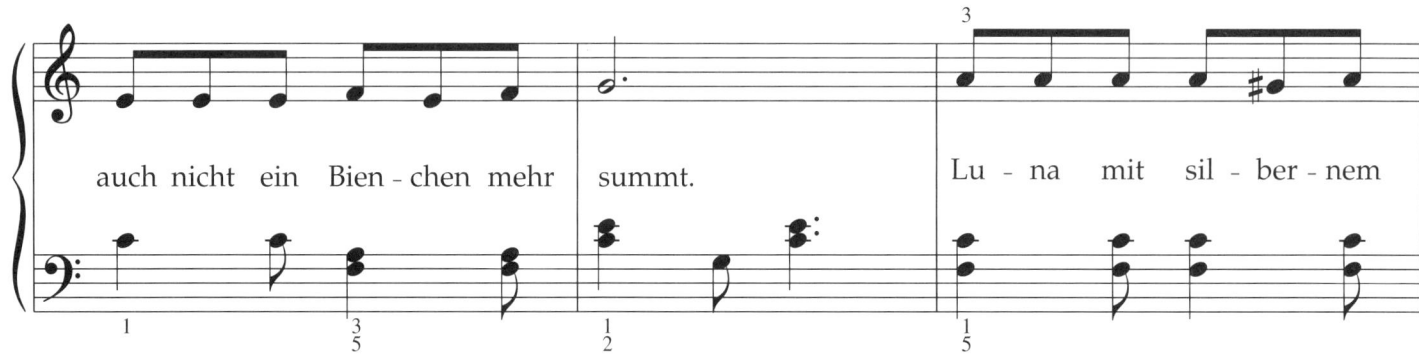

auch nicht ein Bien - chen mehr summt. Lu - na mit sil - ber - nem

Schein gu - cket zum Fens - ter he - rein.

Schla-fe beim sil-ber-nen Schein! Schla-fe, mein Prinz-chen, schlaf ein.

Schön ist die Welt

aus Hessen

Schön ist die Welt, drum, _ Brü-der, lasst uns rei-sen, wohl in die wei-te Welt, wohl in die wei-te Welt.

2. Wir sind nicht stolz,
   wir brauchen keine Pferde,
   die uns von dannen ziehn,
   die uns von dannen ziehn.

3. Wir steigen froh
   auf Berge und auf Hügel,
   wo uns die Sonne grüßt,
   wo uns die Sonne grüßt.

4. Wir laben uns
   an jeder Felsenquelle,
   wo frisches Wasser fließt,
   wo frisches Wasser fließt.

5. Wir reisen fort
   von einer Stadt zur andern,
   wohin es uns gefällt,
   wohin es uns gefällt.

Schwesterlein, wann gehn wir nach Haus

Text und Melodie:
Anton Wilhelm Florentin von Zuccalmaglio (1803–1869)

con Ped.

„Schwes - ter - lein, Schwes - ter - lein, wann _ gehn _ wir nach Haus?"

„Früh, wenn die Häh - ne _ krähn, wolln wir nach Hau - se _ gehn;

Brü - der - lein, Brü - der - lein, dann gehn wir nach ___ Haus!"

2. ⫶ „Schwesterlein, ⫶ wann gehn wir nach Haus?"
„Morgen, wenn der Tag anbricht,
eh end't die Freude nicht,
⫶ Brüderlein, ⫶ der fröhliche Braus."

3. ⫶ „Schwesterlein, ⫶ wohl ist's an der Zeit."
„Mein Liebster tanzt mit mir,
geh ich, tanzt er mit ihr.
⫶ Brüderlein, ⫶ lass du mich doch heut!"

4. ⫶ „Schwesterlein, ⫶ was bist du so blass?"
„Das macht der Morgenschein
auf meinen Wängelein,
⫶ Brüderlein, ⫶ die vom Taue nass."

5. ⫶ „Schwesterlein, ⫶ du wankest so matt?"
„Suche die Kammertür,
suche mein Bettlein mir.
Brüderlein, es wird fein unterm Rasen sein."

Stehn zwei Stern am hohen Himmel

aus dem Westerwald

con Ped.

Stehn zwei Stern am __ ho - hen Him - mel; leuch - ten hel - ler __ als der Mond,

leuch - ten so hell, leuch - ten so hell, leuch - ten hel - ler __ als der Mond.

2. Ach, was wird mein Schätzchen denken,
   weil ich bin so weit von ihr,
   weil ich bin, weil ich bin,
   weil ich bin so weit von ihr?

3. Gerne wollt ich zu ihr gehen,
   wenn der Weg so weit nicht wär,
   wenn der Weg, wenn der Weg,
   wenn der Weg so weit nicht wär!

4. Gold und Silber, Edelsteine,
   schönster Schatz, gelt, du bist mein,
   schönster Schatz, schönster Schatz,
   schönster Schatz, gelt, du bist mein!

Stille Nacht, heilige Nacht

Text: Joseph Mohr (1792–1848)
Melodie: Franz Gruber (1787–1863)

con Ped.

(Gesangstext unter den Noten:)
Stil - le Nacht, hei - li - ge Nacht! Al - les schläft, ein - sam wacht
nur das trau - te, hoch- hei - li - ge Paar. Hol - der Kna - be mit lo - cki-gem Haar,
schlaf in himm - li-scher Ruh, _____ schlaf _ in himm - li-scher Ruh!

2. Stille Nacht, heilige Nacht!
Gottes Sohn, o wie lacht
Lieb aus deinem göttlichen Mund,
da uns schlägt die rettende Stund,
Christ, in deiner Geburt,
Christ, in deiner Geburt.

3. Stille Nacht, heilige Nacht,
die der Welt Heil gebracht;
aus des Himmels goldenen Höhn
uns der Gnade Fülle lässt sehn:
Jesum in Menschengestalt,
Jesum in Menschengestalt.

4. Stille Nacht, heilige Nacht!
Wo sich heut alle Macht
väterlicher Liebe ergoss
und als Bruder huldvoll umschloss
Jesus die Völker der Welt,
Jesus die Völker der Welt.

5. Stille Nacht, heilige Nacht!
Hirten erst kundgemacht.
Durch der Engel Halleluja
tönt es laut von fern und nah:
Christ der Retter ist da,
Christ der Retter ist da!

Und in dem Schneegebirge

aus Schlesien

con Ped.

Und in dem Schnee - ge - bir - ge, da fließt ein Brünn - lein ___

kalt, und wer das Brünn - lein trin - ket, und

wer das Brünn-lein trin - ket, wird jung und nim - mer alt.

2. Ich hab daraus getrunken
   gar manchen frischen Trunk,
   ich bin nicht alt geworden,
   ich bin nicht alt geworden,
   ich bin noch allzeit jung.

3. „Ade, mein Schatz, ich scheide,
   ade, mein Schätzelein!"
   „Wann kommst du aber wieder,
   wann kommst du aber wieder,
   Herzallerliebster mein?"

4. „Wenn's schneiet rote Rosen
   und regnet kühlen Wein.
   Ade, mein Schatz, ich scheide,
   ade, mein Schatz, ich scheide,
   ade, mein Schätzelein!"

5. „Es schneit ja keine Rosen
   und regnet keinen Wein:
   So kommst du auch nicht wieder,
   so kommst du auch nicht wieder,
   Herzallerliebster mein."

Verstohlen geht der Mond auf

Text und Melodie:
Anton Wilhelm Florentin von Zuccalmaglio (1803–1869)

con Ped.

Ver - stoh - len geht der Mond ___ auf, blau, blau Blü - me - lein. Durch Sil - ber - wölk - chen führt sein ___ Lauf. Ro - sen im Tal, Mä - del im Saal, o schöns - te Ro - sa!

2. Es steigt die blaue Luft hindurch,
blau, blau Blümelein,
bis dass er schaut auf Löwenburg.
Rosen im Tal, Mädel im Saal,
o schönste Rosa!

3. O schaue, Mond, durchs Fensterlein,
blau, blau Blümelein!
Schön Rosa grüß mit deinem Schein!
Rosen im Tal, Mädel im Saal,
o schönste Rosa!

4. Und siehst du mich und siehst du sie,
blau, blau Blümelein,
zwei treure Herzen sahst du nie.
Rosen im Tal, Mädel im Saal,
o schönste Rosa!

Viel Freuden mit sich bringet

16. Jahrhundert

con Ped.

Viel Freu - den mit ___ sich brin - get ___ die schö - ne Som - mer -
Im grü - nen Wald ___ jetzt sin - get ___ wied - 'rum in Freu - dig -

zeit. _____ ohn __ Un - ter - lass mit hel - lem Schall __ aus
keit _____

ih - rem Häls - lein zart _____ sehr schön __ und fein __ Frau

Nach - ti - gall, ___ kein Müh und Fleiß __ sie spart. ___

2. Des Nachts, wenn ist vorüber
   der andern Vöglein Sang,
   so schwingt sie ihr Gefieder
   und singt mit lautem Klang
   bald auf das Neu gar hübsch und fein,
   bis dass anbricht der Tag.
   Ihr wunderschöne Melodein
   kein Mensch beschreiben mag.

3. Ihr schöne Stimm und Weise
   man ehret überall,
   drum ich sie jetzt auch preise,
   die edle Nachtigall.
   Denn unter allen Waldvöglein,
   sie sei'n groß oder klein,
   ihr keines jemals gleich sein kann,
   der Ruhm bleibt ihr allein.

Wach auf, meins Herzens Schöne

Text: 16. Jahrhundert
Melodie: Johann Friedrich Reichardt (1752–1814)

Wach auf, meins Her-zens Schö - ne, zart Al - ler - liebs - te mein! Ich

hör ein süß' Ge - tö - ne von klei-nen Wald-vög- lein; die hör ich so lieb-lich

sin - gen, ich mein, ich säh des Ta - ges Schein vom O - ri - ent her drin - gen.

2. Ich hör die Hahnen krähen
und spür den Tag dabei.
Die kühlen Winde wehen,
die Sterne leuchten frei;
singt uns Frau Nachtigalle,
singt uns ein süße Melodei,
sie neut den Tag mit Schalle.

3. Der Himmel tut sich färben
aus weißer Farb in blau;
die Wolken tun sich färben
aus schwarzer Farb in grau.
Die Morgenröt tut herschleichen,
wach auf, mein Lieb, und mach mich frei!
Die Nacht will uns entweichen.

Wahre Freundschaft

Volksweise

con Ped.

Wah-re Freund-schaft soll nicht __ wan - ken, wenn sie gleich ent - fer - net __

ist, le - bet fort noch in __ Ge - dan - ken und der

Treu - e __ nicht ver - gisst. **1.** Le - bet **2.** gisst.

2. Keine Ader soll mir schlagen,
   wo ich nicht an dich gedacht;
   𝄆 ich will für dich Sorge tragen
   bis in tiefe Todesnacht. 𝄇

3. Wenn der Mühlstein träget Reben
   und daraus fließt süßer Wein,
   𝄆 wenn der Tod mir nimmt das Leben,
   hör ich auf getreu zu sein. 𝄇

Wem Gott will rechte Gunst erweisen

Text: Joseph von Eichendorff (1788–1857)
Melodie: Friedrich Theodor Fröhlich (1803–1836)

con Ped.

Wem Gott will rech - te Gunst er - wei - sen, den schickt er in die wei - te Welt, dem ___ will er sei - ne Wun - der wei - sen in Berg und Tal und Strom und Feld.

2. Die Bächlein von den Bergen springen,
   die Lerchen schwirren hoch vor Lust;
   was sollt ich nicht mit ihnen singen
   aus voller Kehl und frischer Brust?

3. Den lieben Gott lass ich nur walten;
   der Bächlein, Lerchen, Wald und Feld
   und Erd und Himmel will erhalten,
   hat auch mein Sach aufs Best bestellt.

Wenn alle Brünnlein fließen

aus Schwaben

con Ped.

Wenn al - le Brünn - lein flie - - ßen, so muss man trin -

ken, wenn ich mein' Schatz nicht ru - fen darf, tu

ich ihm win - ken, wenn ich mein' Schatz nicht ru - fen darf,

ju, ja, ru - fen darf, tu ich ihm win - ken.

2. Ja, winken mit den Äugelein
und treten auf den Fuß;
's ist eine in der Stube drin,
die meine werden muss,
's ist eine in der Stube drin,
ju, ja, Stube drin,
die meine werden muss.

3. Warum sollt sie's nicht werden,
ich hab sie ja so gern.
Sie hat zwei blaue Äugelein,
die leuchten wie zwei Stern.
Sie hat zwei blaue Äugelein,
ju, ja, Äugelein,
die leuchten wie zwei Stern!

Wenn der Frühling kommt

aus Westfalen

Wenn der Früh - ling kommt, von den Ber - gen schaut, wenn der

Schnee im Tal und von den Hü - geln taut, wenn die Fin - ken schla - gen und zu

Nes - te tra - gen, dann be - ginnt die lie - be gold - ne Zeit.

2. Wenn der Weichselbaum
   duft'ge Blüten schneit,
   wenn die Störche kommen
   und der Kuckuck schreit,
   wenn die Bächlein quellen
   und die Knospen schwellen,
   dann beginnt die liebe goldne Zeit.

Wenn die Nachtigallen schlagen

Text: Hoffmann von Fallersleben (1798–1874)
Melodie: überliefert

Wenn die Nach-ti-gal-len schla-gen, ei, wem sollt es nicht be - ha - gen?

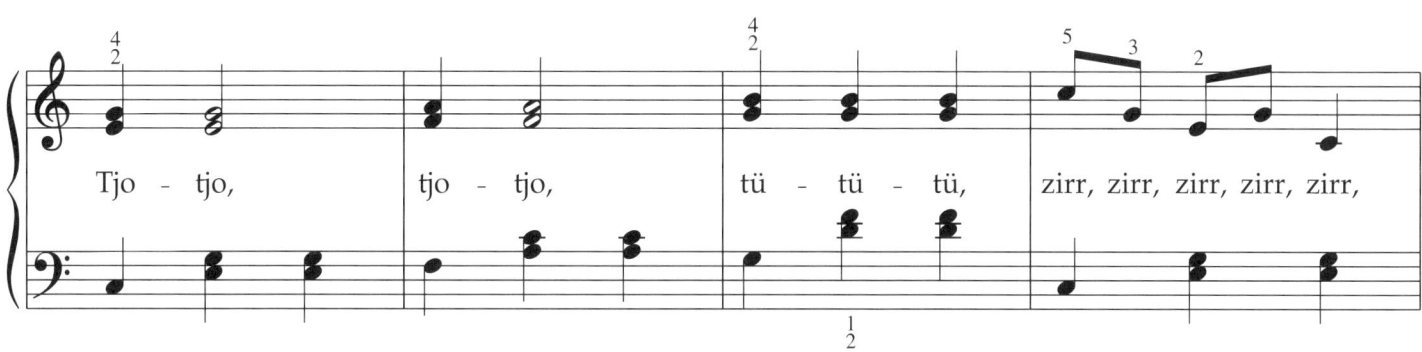

Tjo - tjo, tjo - tjo, tü - tü - tü, zirr, zirr, zirr, zirr, zirr,

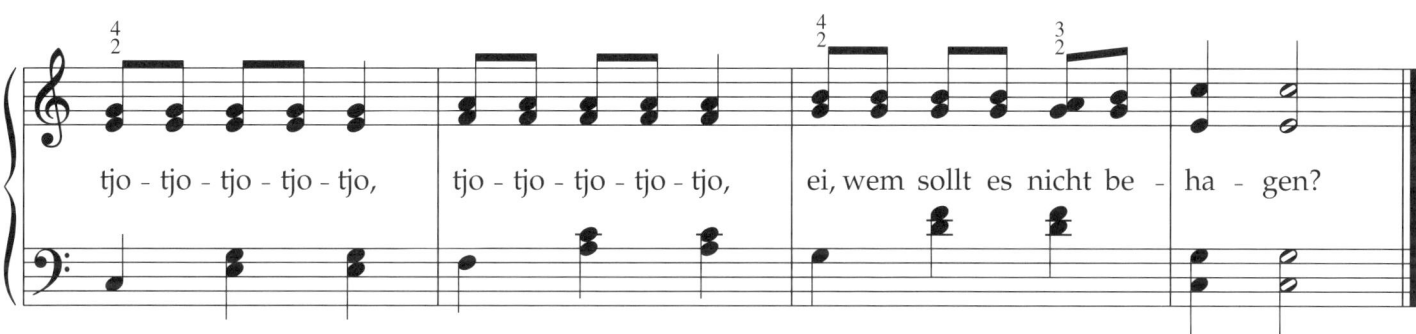

tjo - tjo - tjo - tjo - tjo, tjo - tjo - tjo - tjo - tjo, ei, wem sollt es nicht be - ha - gen?

2. Auch die Frösch in ihrem Lachen,
hört nur, was für Lärm sie machen!
Quack, quack, quack, quack,
qua, qua, qua,
quack, quack, quack, quack, quack,
‖: qua, qua, qua, qua, qua, :‖
hört nur, was für Lärm sie machen!

3. Mancher fängt wohl an zu singen
und er meint, es müsse klingen:
Tjotjo, tjotjo,
tütütü,
zirr, zirr, zirr, zirr, zirr,
‖: tjo, tjo, tjo, tjo, tjo, :‖
ja, so meint er, muss es klingen.

4. Doch es klingt wie Froschgequacke
und wie aus dem Dudelsacke:
Quack, quack, quack, quack,
qua, qua, qua,
quack, quack, quack, quack, quack,
‖: qua, qua, qua, qua, qua, :‖
ja, wie aus dem Dudelsacke!

Wenn ich ein Vöglein wär

Volksweise

Wenn ich ein Vög - lein wär und auch zwei Flüg - lein hätt,

flög ich zu dir. Weil's a - ber nicht kann sein,

weil's a - ber nicht kann sein, bleib _ ich all - hier.

con Ped.

2. Bin ich gleich weit von dir,
bin doch im Schlaf bei dir
und red mit dir.
Wenn ich erwachen tu,
wenn ich erwachen tu,
bin ich allein.

3. Es gibt kein Stund zur Nacht,
da nicht mein Herz erwacht
und an dich denkt,
dass du mir tausendmal,
dass du mir tausendmal
dein Herz geschenkt.

Wer hat die schönsten Schäfchen?

Text: Hoffmann von Fallersleben (1798–1874)
Melodie: Johann Friedrich Reichardt (1752–1814)

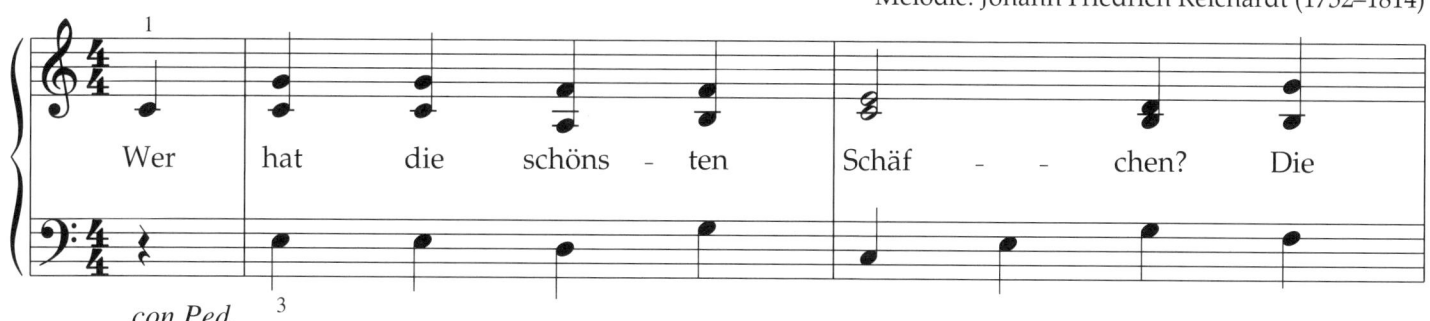

Wer hat die schöns - ten Schäf - - chen? Die

hat der gold - ne Mond, der hin - ter je - nen

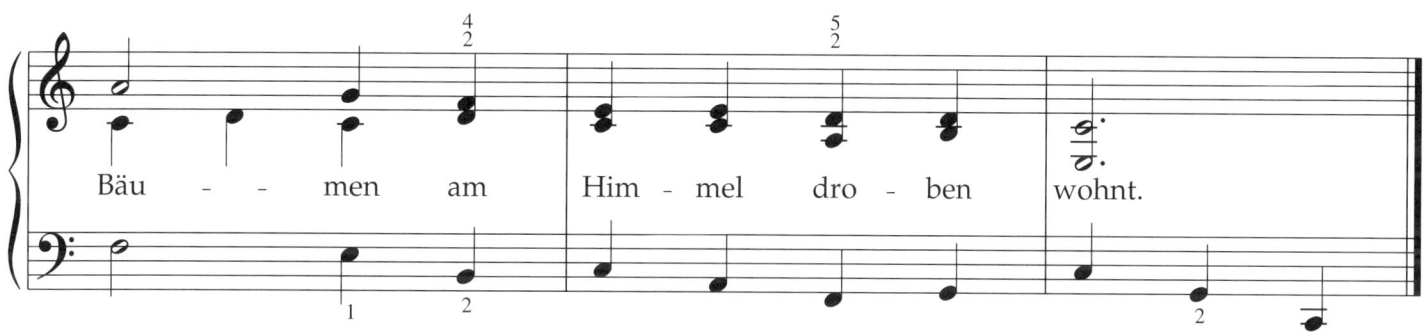

Bäu - men am Him - mel dro - ben wohnt.

2. Er kommt am späten Abend,
   wenn alles schlafen will,
   hervor aus seinem Hause
   zum Himmel, leis und still.

3. Dann weidet er die Schäfchen
   auf seiner blauen Flur,
   denn all die weißen Sterne
   sind seine Schäfchen nur.

4. Sie tun uns nichts zu Leide,
   hat eins das andre gern,
   und Schwestern sind und Brüder
   da droben Stern an Stern.

5. Und soll ich dir eins bringen,
   so darfst du niemals schrein,
   musst freundlich wie die Schäfchen
   und wie ihr Schäfer sein.

Widele, wedele, hinterm Städtele

Text: Des Knaben Wunderhorn
Melodie: aus Schwaben

Wi - de - le, we - de - le, hin - term Städ - te - le hält der

Bet - tel - mann Hoch - zeit. Hoch - zeit.

Pfeift das Mäu - se - le, tanzt das Läu - se - le, schlägt das

I - ge - le Trom - mel. Al - le Tie - re, die

We - de - le ha - ben, sind zur Hoch - zeit kom - men.

Wild Vögelein

aus Siebenbürgen

con Ped.

Es saß ein klein wild Vö-ge-lein auf ei-nem grü-nen Äst-chen. Es

sang die gan - ze Win-ter-nacht, sein Stimm tät hell er - klin - gen. Es

sang die gan - ze Win-ter-nacht, sein Stimm tät hell er - klin - gen.

2. „O sing mir noch, o sing mir noch,
   du kleines wildes Vöglein!
   ‖: Ich will um deine Federlein
   dir Gold und Seide winden.“ :‖

3. „Behalt dein Gold, behalt dein Seid!
   Ich will dir nimmer singen.
   ‖: Ich bin ein klein wild Vögelein
   und niemand kann mich zwingen. :‖

4. Doch hörst du mir im Stillen zu,
   so kann ich dir wohl sagen:
   ‖: Zur Winternacht ein Klang erwacht,
   den sollst du fernhin tragen.“ :‖

Wohlan, die Zeit ist kommen

Text: Des Knaben Wunderhorn

con Ped.

Wohl - an, die Zeit ist kom - men, mein Pferd, das muss ge - sat - telt sein. Ich _

hab mir's vor - ge - nom - men, ge - rit - ten muss es sein. Fi - di -

ru - la, ru - la, ru - la - la - la - la, fi - di - ru - la, ru - la, ru - la - la! Ich _

hab mir's vor - ge - nom - men, ge - rit - ten muss es sein.

2. In meines Vaters Garten,
   da stehn viel schöne Blum, ja Blum.
   Drei Jahr muss ich noch warten,
   drei Jahr sind bald herum.
   Fidirula …
   Drei Jahr muss ich noch warten,
   drei Jahr sind bald herum.

3. So setz ich mich aufs Pferdchen
   und trink ein Gläschen kühlen Wein
   und schwör bei meinem Bärtchen,
   dir ewig treu zu sein.
   Fidirula …
   und schwör bei meinem Bärtchen,
   dir ewig treu zu sein.

Wohlauf in Gottes schöne Welt

Text: Julius Rodenberg (1831–1914)
Melodie: aus der Mark Brandenburg

2. An meinem Wege fließt der Bach,
   lebe wohl, ade!
   Der ruft den letzten Gruß mir nach,
   lebe wohl, ade!
   Ach Gott, da wird so eigen mir,
   so milde wehn die Lüfte hier,
   ‖: lalalala, lalala, als wär's ein Gruß von dir. :‖

3. Ein Gruß von dir, du schönes Kind,
   lebe wohl, ade!
   Doch nun den Berg hinab geschwind,
   lebe wohl, ade!
   Wer wandern will, der darf nicht stehn,
   der darf niemals nach hinten sehn,
   ‖: lalalala, lalala, muss immer weitergehn. :‖

Zogen einst fünf wilde Schwäne

aus Litauen

Zo - gen einst fünf wil - de Schwä - ne, Schwä - ne leuch-tend weiß und schön.

con Ped.

Sing, sing, was ge - schah? Kei - ner ward mehr ge - se - hen. Ja!

Sing, sing, was ge - schah? Kei - ner ward mehr ge - sehn.

2. Wuchsen einst fünf junge Birken
grün und frisch am Bachesrand.
Sing, sing, was geschah?
Keine in Blüten stand. Ja!
Sing, sing, was geschah?
Keine in Blüten stand.

3. Zogen einst fünf junge Burschen
kühn und stolz zum Kampf hinaus.
Sing, sing, was geschah?
Keiner kehrt' mehr nach Haus. Ja!
Sing, sing, was geschah?
Keiner kehrt' mehr nach Haus.

4. Wuchsen einst fünf junge Mädchen
schlank und schön am Memelstrand.
Sing, sing, was geschah?
Keines den Brautkranz wand. Ja!
Sing, sing, was geschah?
Keines den Brautkranz wand.